MW01243074

ISBN : 9798647232090

Edition 2020

Dev-Perso.com

DEV-PERSO PRESENTE

Le pouvoir de la **Gratitude**

Adopter un état d'esprit de gratitude pour vivre mieux et plus heureux

A propos

Ce livret pratique se veut simple et concis pour vous présenter des concepts théoriques, afin de développer votre spiritualité et changer votre réalité.

Il existe au format numérique ou physique, mais quelque soit le support que vous avez choisi, le contenu reste le même.

Il s'inscrit dans une série de documents pour vous former et vous aider à devenir un être conscient et accompli.

Vous trouverez plus d'informations concernant l'ensemble de cette formation, à la fin de ce livret.

Appendix

Sommaire

Définition

Gratitude :

Reconnaissance pour un service, pour un bienfait reçu; sentiment affectueux envers un bienfaiteur :

Manifester sa gratitude à quelqu'un.

Synonyme : Reconnaissance.

La gratitude est le fait de reconnaître et de ressentir une émotion agréable de contentement et de satisfaction pour ce que l'on est et/ou ce que l'on a.

Objectif

L'objectif de cette ressource est de vous initier et de vous sensibiliser à la gratitude et au fait de témoigner de la reconnaissance dans votre vie.

La gratitude est avant tout un état d'esprit à adopter qui a de nombreux bienfaits et qui peut changer votre vie.

Vivez plus heureux et créez votre bonheur en pratiquant la gratitude.

Un constat attristant

Aujourd'hui, dans nos sociétés dites modernes, nous sommes parvenus à assouvir beaucoup de nos besoins primaires. Cela signifie que nous n'avons plus à nous préoccuper de notre survie, car la majorité d'entre nous a de quoi manger à sa faim, se vêtir et se loger. Nous avons donc résolu les problèmes relatifs au maintien de notre espèce, et c'est une bonne chose.

Le problème est que cela ne suffit pas à nous rendre heureux. De plus, malgré l'opulence matérielle qui nous entoure, la frustration demeure. Nous en voulons toujours plus, car nous sommes conditionnés à en vouloir plus afin de maintenir un système basé sur la consommation.

Malheureusement, on constate que beaucoup de personnes se sentent tristes et perdues dans un monde superficiel et oublient la chance qu'elles ont.

Malgré nos avancées prodigieuses dans de nombreux domaines de notre vie, le mal-être demeure très présent alors que nous avons tout pour être heureux.

La vie est un miracle

Le nombre de dépression, de burnout, de suicides, de divorces, et la consommation grandissante de médicaments et de drogues témoignent d'un certain malaise.

Et si nous mettions davantage notre attention sur ce qui va bien dans nos vies plutôt que sur les besoins futiles inassouvis ?

La gratitude est à la mode, mais ce n'est qu'une réaction normale face à une carence spirituelle sociétale.

Ce livret d'éveil spirituel et d'initiation à la gratitude vous aidera à vous concentrer sur le positif, afin de le faire grandir dans votre vie.

La gratitude est un devoir que nous devons pratiquer en conscience et de manière régulière, car le simple fait de pouvoir vivre est un miracle.

L'éternelle insatisfaction

Nous vivons à une époque et dans une société où tout nous pousse à vouloir plus. L'incitation à la consommation et la compétition permanente crée en nous des besoins souvent artificiels et superficiels.

On en veut toujours plus.

On veut ce que le voisin a en pensant que cela nous rendra heureux.

On se focalise trop souvent sur ce que l'on a pas et sur ce que l'on n'est pas en se comparant aux autres.

La société de consommation dans laquelle nous vivons crée en nous des besoins et même des complexes et les entretient de manière à nous maintenir dans un état d'insatisfaction.

Des standards de réussite sont véhiculés et si on ne rentre pas dans certaines cases, alors cela signifie que l'on a échoué ou que l'on est pas suffisamment bon, beau, intelligent, etc...

Le risque est de se retrouver frustré et insatisfait de ce que l'on est ou de ce que l'on a en pensant que ce n'est pas assez pour être heureux.

Prenons un peu de recul...

Si vous n'êtes pas heureux avec ce que vous avez, vous ne le serez pas non plus avec ce qui vous manque

Qu'est-ce que la Gratitude ?

La gratitude c'est tout simplement le fait de reconnaître ce qui est bon et positif dans sa vie.

Quelle que soit votre situation, il y a toujours du positif, et même dans les pires situations vous pouvez trouver du positif. Remercier la Vie, l'Univers, Dieu, la Création, ou peu importe la manière dont vous l'appelez, c'est cela la gratitude.

En pratiquant la gratitude régulièrement, notre regard change et notre perception de la vie également. On nourrit alors positivement notre monde intérieur et on cesse de se positionner en victime. On devient alors vainqueur et victorieux par le simple fait de le décider et de le reconnaître, et on remercie pour ce que l'on a et ce que l'on est.

Cela ne veut pas dire que l'on n'a plus besoin d'avancer vers ses aspirations et de s'améliorer. Seulement, on apprend à être heureux dans le moment présent et on cesse de conditionnaliser notre bonheur. (Et si seulement... alors je serai plus heureux...).

La gratitude c'est dire Merci et positionner son attention sur le positif qu'il y a dans notre vie.

Reconnaissant envers qui ?

La gratitude est à la mode et fait beaucoup parler d'elle en ce moment. Avant de voir en quoi elle peut vous être bénéfique, prenons le temps de comprendre ce qu'elle est.

Comme vu précédemment :

La gratitude est un lien de reconnaissance que l'on ressent envers quelqu'un qui nous a rendu un service, une faveur, ou un bienfait.

En un mot, la gratitude est donc le fait de se sentir reconnaissant.

La question que l'on peut alors se poser est : Envers qui se sentir reconnaissant et témoigner sa gratitude ?

Comme l'on peut le lire dans la définition précédente, la gratitude est un lien entre deux personnes. De ce fait, envers qui allez-vous témoigner votre gratitude ?

C'est à vous de définir cette entité, mais disons que pour les croyants, nous pouvons la qualifier de Dieu. Pour les non-croyants, il est possible de témoigner sa gratitude envers la Vie, l'Univers, la Création, peu importe le nom, cela dépend de la culture et des croyances de chacun.

Ce qui importe c'est de se sentir reconnaissant et de vivre émotionnellement et spirituellement cette gratitude en tant qu'être éveillé.

Ce sur quoi nous portons notre attention grandit

N'avez-vous jamais remarqué, lorsque l'on a un bouton sur le nez et que l'on s'en aperçoit, on ne voit plus que ça. On essaye de le camoufler ou de le faire partir, rien y fait. Le problème empire et grandit en nous. Plus on y porte de l'attention, et plus on a l'impression qu'il grossit... de ce fait, nos actions évoluent en fonction de nos préoccupations et nous touchons à notre bouton, le problème s'aggrave et on ne voit plus que cela. En prêtant trop d'attention à un petit problème, nous avons créé un plus gros problème.

Cette métaphore illustre le fait que :

Ce sur quoi nous portons notre attention grandit.

Si nous portons notre attention sur le négatif dans notre vie, ce négatif va occuper notre esprit et va grandir jusqu'à nous parasiter intérieurement et influencer négativement nos actions. En revanche, si nous nous concentrons sur le positif, nous allons le développer et le faire grandir.

En faisant preuve de gratitude, on porte notre attention sur le positif et il grandit en nous et pour nous.

La loi de l'attraction

Vous avez probablement déjà entendu parler de la loi de l'attraction, mais qu'est-ce donc réellement ? Que signifie cette loi qui nous paraît à la fois magique et étrange ? Est-elle valide ?

La loi de l'attraction dit tout simplement que : *Ce sur quoi nous portons notre attention s'amplifie, grandit, et se développe.*

Cela signifie que si vous vous efforcez de porter votre attention sur le négatif que vous percevez autour de vous, alors vous favorisez son développement. Cela peut se vérifier dans une relation par exemple, ou dans l'image que l'on a de soi-même. Si l'on ne fait que de se focaliser sur ce qui ne nous plait pas et nous dérange, alors la relation va se détériorer davantage.

En revanche, cette loi fonctionne aussi avec le positif et avec ce que l'on souhaite voir et avoir dans sa vie. Si l'on se concentre sur ce qui va bien, et sur ce que l'on juge de positif dans sa vie, alors on attirera de nouvelles opportunités ou évènements agréables.

Ainsi, c'est notamment par cette loi que la gratitude va avoir des effets positifs dans votre vie. En vous concentrant sur le positif, vous l'attirez davantage. La meilleure façon de savoir si cela est vrai et fonctionne reste encore d'essayer par vous-même.

Pourquoi la gratitude agit en notre faveur ?

De nombreuses études ont été faites sur des personnes en évaluant par des psychologues leur niveau de bonheur, leur longévité et leur état d'esprit.

Il en ressort que les personnes ayant un état d'esprit optimiste, tourné vers le positif et faisant preuve de gratitude **vivaient plus longtemps et plus heureux.**

En fait, il ne nous est pas possible de ressentir de la colère ou de la tristesse en même temps que nous ressentons de la gratitude. La gratitude fait appel à la joie, la satisfaction et le contentement. Ce qui ne laisse pas la place à des émotions désagréables.

Chaque jour nous avons la possibilité de faire preuve de gratitude et de nous faire du bien.

Dîtes merci et souriez à vous-même et à votre entourage, vous récolterez de la joie et du bonheur.

Les bienfaits de la gratitude

Il y a de nombreux bénéfices et bienfaits de la gratitude, en voici quelques uns :

1. La gratitude **nous rend plus optimiste**, et cela nous rend plus heureux car on voit davantage le positif dans notre vie que le négatif.

2. La gratitude fait de nous une personne plus agréable à vivre et cela **améliore la qualité de nos relations**. En effet, avoir une attitude reconnaissante et bien plus agréable qu'être grincheux en permanence.

3. La gratitude nous aide à **être en meilleure santé**. Qu'il s'agisse de santé physique, ou mentale, la gratitude crée un cercle vertueux qui nous incite à prendre soin de nous et à nous développer.

4. La gratitude **attire plus d'opportunités dans notre vie** personnelle et professionnelle, car nous sommes plus attentifs et réceptifs.

5. La gratitude **nous donne de l'énergie et nous rend de bonne humeur**. Le sentiment de gratitude nous enthousiasme et nous dynamise.

Les bienfaits de la gratitude

6. La gratitude **renforce l'estime de soi.** En nous concentrant sur le positif et en témoignant de la gratitude pour ce que l'on est, nous renforçons notre estime personnelle, et nous faisons le choix de nous aider plutôt que de nous saboter.

7. La gratitude **aide à éveiller et développer notre spiritualité** et élève notre niveau de conscience. Elle nous éloigne de nos frustrations et nous rapproche du moment présent.

8. La gratitude **favorise la longévité**. De nombreuses études ont été faites dans des villages de centenaires pour comprendre le secret de leur longévité, et tous entretenaient une simplicité de vivre et une attitude reconnaissante envers la vie, leurs ancêtres, ou leur Dieu.

9. La gratitude **nous connecte au moment présent**. En effet, le fait de ressentir la gratitude de manière consciente, nous permet de mieux nous ancrer dans le moment présent.

10. La gratitude **diminue le stress et l'anxiété**. En mettant la lumière sur le positif dans notre vie, nous renforçons notre sérénité et nous sentons moins stressés.

Les bienfaits de la gratitude

En adoptant un état d'esprit de gratitude vous devenez une meilleure personne orientée vers le positif et votre vie s'améliore.

Vous êtes davantage comblé à l'intérieur et cela vous permet de rayonner davantage à l'extérieur, offrant ainsi au monde une plus grande contribution.

C'est un véritable cercle vertueux.

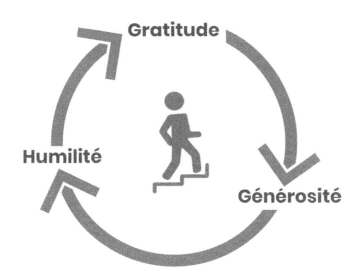

Ce qu'il faut bannir de votre vie

Ce qui suit vous aidera à vivre une vie plus saine et plus heureuse, mais aussi à accomplir davantage.

La gratitude ce n'est pas juste de petites actions ponctuelles que l'on fait à un moment de la journée.

La gratitude c'est une prise de conscience et un état d'esprit à adopter et à entretenir.

Dans cet état d'esprit, il est important d'arrêter de se plaindre et de critiquer ce qui ne nous convient pas.

En effet, certaines personnes sont expertes en la matière tant elles pratiquent ces deux activités. Si vous vous sentez concerné et que vous êtes souvent amené à critiquer ou à vous plaindre, sachez qu'en faisant cela, vous vous auto-sabotez.

Le fait de se plaindre et de critiquer les autres revient à se concentrer sur le négatif et sur ce qui ne nous plaît pas. De cette manière vous attirerez à vous des problèmes et vous vous limiterez dans votre épanouissement. Bannissez ces comportements de votre vie et éloignez vous des personnes qui se plaignent et critiquent à longueur de journée.

Vous verrez que votre vie changera positivement.

Se plaindre et critiquer revient à déclarer son impuissance et renier sa responsabilité.

En revanche, en pratiquant la gratitude, vous reprenez le pouvoir et vous créez vous-même votre bonheur.

Adopter une attitude de Gratitude

La Gratitude crée du bonheur parce que cela nous fait sentir plein et complet. Faire preuve de gratitude c'est réaliser que nous avons tout le nécessaire et qu'il n'y a pas de place pour le manque. Une chose est vraie avec la gratitude est qu'il est impossible de ressentir à la fois l'émotion positive de reconnaissance et des émotions négatives comme la colère ou la peur.

Adopter une attitude de gratitude n'a que des effets positifs, et fait croître en nous l'amour, la compassion, la joie et l'espoir.

Lorsque nous portons notre attention sur ce pourquoi nous sommes reconnaissants, il n'y a plus d'espace pour la peur, la colère ou la tristesse.

Adopter une attitude de gratitude est un état d'esprit, un mode de vie à développer et entretenir dans chacun des évènements de notre vie.

Merci aux difficultés d'exister

« Je comprends l'intérêt de faire preuve de gratitude mais mes problèmes ne vont pas disparaître du jour au lendemain pour autant »

Bien sûr que les difficultés et les problèmes ne vont pas disparaître du jour au lendemain, cela ne marche pas comme cela. En revanche, la manière dont nous y faisons face et le rapport que l'on entretient avec ces « problèmes » peut évoluer en notre faveur.

D'ailleurs, qu'est-ce qu'un problème ?

Un problème est une opportunité pour grandir et devenir une meilleure personne.

Tout n'est que perception et la notion d'importance est très subjective.

Lorsque vous faites face à un problème, si vous pensez négativement le problème va grandir. Si vous pensez positivement, la solution apparaîtra à vous et vous surmonterez ce problème.

Je témoigne de la gratitude...

Je témoigne de la gratitude pour ce que je suis.

Je suis :

- Éveillé(e)
- Conscient(e)
- Motivé(e)
- Enthousiaste
- En vie
- En cheminement
- En progrès
- Unique
- Capable
- Un être accompli en devenir
- Entrepreneur(e) de ma vie
- Etc...

Je témoigne de la gratitude pour ce que j'ai.

J'ai:

- Un toit
- De la nourriture
- Une éducation
- Des proches
- Des opportunités de grandir !
- Une histoire
- Des connaissances
- De l'expérience
- Des aspirations à réaliser
- Des idées
- Etc...

Reprogrammez votre esprit

Pour pratiquer en profondeur la gratitude et ancrer la reconnaissance et la confiance en vous, vous pouvez utiliser la **puissance des affirmations positives.**

Les affirmations positives ont le pouvoir de reprogrammer votre esprit et de penser de manière plus positive.

Nous ne pouvons pas tout contrôler dans notre vie, mais nous pouvons apprendre à contrôler nos pensées et les mots que nous prononçons.

Or, ces pensées et ces paroles peuvent être créatrices comme destructrices.

Vous pouvez par exemple utiliser un journal de gratitude (comme celui que nous proposons chez Dev-Perso) pour vous aider dans votre pratique.

En écrivant et en récitant des affirmations positives, vous ancrez des messages puissants et inspirants dans votre subconscient et vous reprogrammez ainsi votre esprit.

Vous influencez votre comportement et votre attitude par de telles affirmations car vous suivez, consciemment ou inconsciemment, ces affirmations dans vos actes au quotidien.

Ainsi, si vous vous répétez que vous n'êtes pas capable, vous augmentez vos chances d'échouer, car vous vous conditionnez à échouer.

En revanche, si vous vous répétez que vous êtes capable et que vous avez beaucoup de valeur, alors vous améliorerez vos pensées et vos actions, et donc votre vie.

Si vous êtes sceptique, essayez et constatez par vous-même le bien-être et la satisfaction que procure la gratitude. Votre vie changera positivement.

Comment pratiquer la gratitude ?

1. Tenez un journal de gratitude et noter ce pour quoi vous êtes reconnaissant.

2. Faites preuve de gratitude au réveil pour donner une impulsion positive à votre journée.

3. Faites preuve de gratitude le soir avant de vous coucher en valorisant 3 évènements positifs de votre journée.

4. Remerciez-vous d'exister devant le miroir.

5. Faites preuve de gratitude avant de manger et conscientisez les choses simples et pourtant si agréables que vous offre la vie.

6. Récitez des affirmations positives et des prières bienveillantes de gratitude

Comment pratiquer la gratitude ?

7. Dites merci à vos proches pour l'impact positif qu'ils ont (eu) dans votre vie.

8. Abordez chaque problème comme une opportunité! Face à un problème ou une difficulté, fermez les yeux, souriez et témoignez de la gratitude pour cette opportunité de grandir que vous allez surmonter.

9. Visualisez une situation agréable et témoignez de la gratitude en avance comme si cette situation était déjà présente dans votre vie.

10. Remémorez-vous des évènements joyeux passés, entretenez vos bons souvenirs, et faites preuve de gratitude pour les avoir vécu.

11. Remerciez les personnes qui vous ont blessé et offensé, car elles sont venues dans votre vie pour vous faire grandir et devenir une meilleure personne.

12. Souriez à la vie et elle vous sourira !

Questions

Au cours de ces dernières 24h, quels sont 3 évènements positifs pour lesquels vous pouvez témoigner de la gratitude ?

Au cours de votre enfance, citez 3 évènements pour lesquels vous pouvez témoigner de la gratitude ? *Essayez de revivre intérieurement ces moments*

Qu'aimez-vous ou de quoi êtes-vous fièr(e) chez vous?

Imaginez-vous surmonter vos plus grandes difficultés actuelles puis, témoignez de la gratitude comme si ces difficultés étaient passées. Que ressentez-vous ?

Décrivez en quoi ces difficultés sont des opportunités pour vous et ce que les surmonter vous apporterait ?

Ecrivez un message de gratitude à un proche et partagez ce message avec cette personne.

Devenez qui vous êtes et
Entreprenez votre vie avec

Dev-Perso

Le site de développement personnel

Dev-Perso vous accompagne
dans votre croissance personnelle
à travers du contenu éducatif
inspirant et positif.

www.dev-perso.com

Made in the USA
Middletown, DE
29 July 2023

35932076R00024